AF556615

Kristiane Müller-Urban

Drunter & Drüber

Kristiane Müller-Urban

Mit Fotos von: Sabrina Sue Daniels

societäts\verlag

Bild S. 13: Shutterstock/Sofia Rondoletto

Layout & Satz: Julia Desch, Societäts-Verlag
Umschlaggestaltung: Julia Desch, Societäts-Verlag
Umschlagabbildung: Sabrina Sue Daniels
Druck und Verarbeitung: Finidr Prining House
Printed in EU 2023

ISBN 978-3-95542-460-2

Besuchen Sie uns im Internet:
www.societaets-verlag.de

Inhalt

Wer Brot hat, stirbt
nicht vor Hunger.
Sprichwort

Brot backen ist Liebe

Schon seit vielen Jahren schiebe ich mit großer Freude einen gekneteten Teig mit oder ohne Backform in den heißen Ofen. Es dauert nicht lange, bis ein verführerischer Duft durch das Haus zieht. Es soll zwar nicht gerade gesund sein für unsere Bäuche, aber sobald das heiße duftende Brot endlich zum Auskühlen auf dem Kuchengitter liegt, greife ich zum Brotmesser und ritschratsch gleitet das Messer durch Kruste und Krume – die erste Scheibe gehört immer mir. Jetzt noch Butter drauf, ein paar Körnchen Salz darüber und dann mit dem größten Vergnügen hineinbeißen. Welch eine Wonne!

Brot im eigenen Ofen zu backen, ist wirklich keine Kunst. Und Brot verlangt nicht viel: Mehl, Wasser, Hefe, ein bisschen Salz. Alles andere sind Zutaten, die für Abwechslung im Brotkorb sorgen. Und deshalb finden Sie in diesem Buch für das »Darunter« nicht nur kräftiges Sauerteig-Schrotbrot, sondern auch würziges Apfelweinbrot, ein Maronenbrot, milde Mohnzöpfe und knusprige Käse-Splitter-Brötchen. Und dazu natürlich köstliches »Drüber« wie eine schnelle Konfitüre aus hessischen Kirschen, verschiedene Handkäs- und Ahle-Worscht-Variationen, Aufstriche mit Forellen aus dem Taunus, Frankfurter Grüner Soße, Schmand und Quark. Aber es gibt auch Brotbeläge, die Sie wahrscheinlich so noch nie gegessen haben. Vegetarische und vegane Aufstriche sind selbstverständlich ebenfalls dabei.

Bevor Sie zum ersten oder zweiten Mal Brot backen, werfen Sie doch gerne einen Blick in die Einführung. Hier finden Sie nützliche Tipps und Tricks, die für ein gutes Ergebnis aus Ihrem Ofen wichtig sind. Das »Drüber« lässt sich meistens leicht und schnell zusammenrühren.

Und nicht wundern – unsere, Ihre und meine Brote und Brötchen sehen nicht so aus wie vom Bäcker an der Ecke, der formt täglich schließlich Hunderte davon. Und kennt rund 300 Stoffe, die er beim Backen einsetzen darf, um eine besonders rösche Kruste zu bekommen oder um Knet-, Ruhe- und Backzeiten zu verringern. Meine Brote und Brötchen sind chemiefrei!

Und nun viel Vergnügen, gutes Gelingen und immer ein leckeres Brot auf dem Tisch!

Ihre Kristiane Müller-Urban

Tipps & Tricks

Das Mehl

Die Hauptzutat von Brot und Brötchen ist das Mehl. Im Supermarkt finden Sie verschiedene Mehlsorten. Hier ein kleiner Überblick:

Weizenmehl gibt es in den Typen 405 (Kuchenmehl), 550, 1050 und Vollkornmehl. Roggenmehl in den Typen 997, 1150 und 1350 sowie Vollkornmehl.

Seltener im Angebot sind Weizen- und Roggenbackschrot Type 1700 und 1800. Dinkelmehl in den Typen 630, 812, 1050 und Vollkornmehl. Je höher die Typenbezeichnung des Mehls, desto höher ist auch der Mineralstoffgehalt.

Für kernige Brote müssen Weizen-, Roggen-, Dinkel- oder Grünkernkörner oder Schrot im heißen Wasser eingeweicht oder gekocht werden. Getreidekörner finden Sie im Bioladen oder im Reformhaus. Das Getreide können Sie sich dort auch fein bzw. grob schroten oder mahlen lassen. Aber Achtung: Vollkornmehl, Getreidekörner und Schrot sind nicht lange haltbar, weil sie den fetthaltigen Keim enthalten, also möglichst gleich verbacken.

Alle Mehlsorten können gut miteinander gemischt werden. Experimentieren Sie ruhig! Und wenn Sie irgendwann einmal drei, vier Mehltüten unterschiedlicher Sorten haben, dann auch hier ruhig einmal mischen, kneten und backen. Und wenn Sie eine Mehlsorte mal nicht bekommen, nehmen Sie beispielsweise Weizenmehl Type 550 statt 1050, oder beim Dinkel Type 812 statt 630 oder 1050. Zu beachten ist, dass je höher die Typenbezeichnung, desto mehr Flüssigkeit verlangt der Teig; Teige aus oder mit viel Vollkornmehl brauchen besonders viel davon.

Die Triebmittel

Damit Brot und Brötchen schön locker aufgehen, brauchen sie ein Triebmittel. Das ist in erster Linie Hefe (frisch im Würfel zu 42 Gramm oder Trockenhefe). Hefeteig Garant hingegen ist eine Mischung aus Trockenhefe und Backpulver. Solche Teige müssen nicht lange geknetet und können nach einer sehr kurzen Ruhezeit direkt gebacken werden. Brote mit oder aus Roggenmehl verlangen zusätzlich nach Sauerteig, damit das Brot gelingt. Sauerteig gibt es als Fertigprodukt in flüssiger oder trockener Form aus dem Supermarkt.

Es geht allerdings auch ohne! Sie finden in diesem Buch ein Brot, das tatsächlich ohne Mehl und Hefe gebacken wird (Seite 22).

Die Flüssigkeiten

In erster Linie wird Wasser verwendet. Aber auch Milch, Buttermilch, Kefir, Apfelwein, Weißwein, Tomatensaft und Bier sind möglich. Experimentieren Sie doch auch einmal mit Sauerkraut- oder Rote-Bete-Saft. Alle Flüssigkeiten sollten jedoch warm sein.

Die Gewürze

Kein Brot, kein Brötchen ohne Salz. Es gibt aber noch eine Reihe anderer Brotgewürze wie Samen von Anis, Fenchel, Koriander und Kümmel. Aus diesen vier Gewürzsamen können Sie sich Ihr eigenes wundervolles Brotgewürz herstellen: Mögen Sie mehr Anis als Kümmel, oder mehr Fenchel als Koriander, dann nehmen Sie von dem einen etwas mehr und dem anderen etwas weniger. Diese Gewürze können Sie ganz lassen oder in einer Gewürzmühle mahlen. Auch im Handel wird Brotgewürz angeboten. Zum Würzen sind zudem auch getrocknete Kräuter wie beispielsweise Rosmarin, Thymian und Majoran geeignet.

Natürlich ist in jedem Brot auch ein wenig Zucker verstreckt, und süße Brote sowie Brötchen brauchen immer etwas mehr Zucker oder auch Honig, Rübensirup, Ahorn- oder Dattelsirup.

Fette, Nüsse und Samen

Brot und Brötchen brauchen eigentlich kein Fett. Manchmal sorgt es aber für eine bessere Krume oder hebt den Geschmack. Zur Verwendung kommen Pflanzenöle, Butter, Schmalz oder vegane Fette in Frage. Für einen guten Geschmack sorgen auch Haselnüsse, Walnüsse, Mandeln, Kürbiskerne, Sonnenblumenkerne, Sesam, Leinsamen und Mohnsamen. Obendrein enthalten sie gesunde Nährstoffe. Es entscheidet der persönliche Geschmack! Verwenden Sie Nüsse und Samen nach Belieben ganz oder zerkleinert im oder auf dem Gebäck.

Die Backformen

Am besten gelingt das Brot in einer Backform wie beispielsweise einer Kastenform, speziellen Brotbackformen, Springform, Kranzform, Viereckform und auf dem Backblech. Ein weicher Teig wird am besten in einer Form gebacken, weil er auf dem Backblech gern zu einem Fladen auseinanderläuft. Die Formen müssen mit weicher Butter eingefettet werden, ebenso das Backblech. Sie können auch Backsprays oder Silikonmatten verwenden. Schadstofffreier ist jedoch Butter.

So gelingt der Brotteig

Der fertig geknetete Teig sollte glatt und elastisch sein und nicht mehr an den Händen kleben. Die zimmerwarmen Zutaten werden mit dem Knethaken der Küchenmaschine, auf einer bemehlten Arbeitsfläche oder in einer Schüssel zweimal ca. 4 Min. geknetet, bevor der Teig gut ausgeruht und aufgegangen in den heißen Backofen geschoben wird. Fügen Sie immer nur so viel Mehl oder Flüssigkeit hinzu wie nötig: Je länger der Teig geknetet wird, desto elastischer wird er. Wenn der Teig das erste Mal aufgegangen ist, sollte er allerdings nicht mehr so kräftig geknetet werden, weil dadurch die Luftblasen verschwinden. Ziehen Sie den gegangenen Teig auf einer bemehlten Arbeitsfläche auseinander, falten Sie ihn wieder zusammen und wiederholen Sie diesen Vorgang mehrmals.

Teige mit Roggenmehl sind allerdings immer klebrig. Es wäre daher falsch, so viel Mehl dazuzugeben, bis der Teig »elastisch ist und nicht mehr klebt«. Lassen Sie ihn daher nach dem ersten Kneten mit dem Knethaken in der Schüssel ruhen, dann ein zweites Mal kneten und anschließend noch einmal in einem Gärkorb oder in einer beliebigen Form gehen lassen.

Ich lasse die Teige gern etwas länger als üblich ruhen, weil die Backwaren dadurch bekömmlicher werden. Sie können die Teige aber auch weiterverarbeiten, sobald sie ihr Volumen verdoppelt haben. Ideale Raumtemperatur liegt zwischen 22 und 28 Grad.

Wenn die Teige länger als 30 Min. ruhen, sollten Sie die Schüssel mit Frischhaltefolie und einem Küchentuch abdecken, den Teig in eine Plastiktüte stecken oder die Teigoberfläche dünn mit Öl einfetten und dann mit einem Tuch abdecken.

Manche Teige neigen dazu, auf dem Backblech im Ofen auseinanderzulaufen. Wenn Sie das nicht mögen, backen Sie die Teige in beliebigen Backformen. Warum nicht auch einmal in der Spring- oder Kuchenform? Einen nicht zu weichen Teig können Sie beliebig zu Kringeln, Zöpfen, Brezeln sowie langen oder runden Brötchen und Broten formen.

Gärkörbe in verschiedenen Formen sind aus Peddigrohr, sie werden mit Mehl ausgestreut, in dem der Teig dann das zweite Mal geht. Anschließend vorsichtig auf ein gefettetes Backblech stürzen. Das fertige Brot weist ein ansprechendes Muster auf.

Der Ofen

Die meisten Brote werden bei einer höheren Temperatur angebacken und bei einer geringeren Temperatur fertig gebacken. Sie werden meistens auf der mittleren Stufe des Backofens eingeschoben. Höhere Brote, oder wenn Sie bemerken,

dass die Oberfläche zu dunkel wird, am besten eine Stufe tiefer stellen. Sollte ein Brot nach dem Stürzen aus der Form noch zu hell sein, einfach das gestürzte Brot noch einmal 10 Min. länger backen. Gebacken wird bei Ober-/Unterhitze.

Ein Schälchen heißes Wasser auf dem Ofenboden oder der Sprühstoß mit Wasser (Blumenspritze) verleiht Brot und Brötchen eine kräftige Kruste.

Die Aufstriche

Die Portionen sind so berechnet, dass sie gut für 4 Personen reichen. Das »Drüber« sollte immer frisch zubereitet und möglichst am gleichen Tag verzehrt werden. Aufstriche mit Handkäse und auch die Ziegenkäsetorte beispielsweise verändern bei längerer Stehzeit Geschmack und Konsistenz, ebenso Zubereitungen mit Quark, Frischkäse und Hüttenkäse mit Kräutern, Radieschen, Äpfeln usw. Auch der Salat aus frischen Pilzen sollte bald verzehrt werden. Ausnahmen sind die Kirschkonfitüre und Schoko-Nuss-Creme sowie Kochkäse.

Für vegetarische und vegane Aufstriche gibt es im Supermarkt zahlreiche pflanz-

liche Ersatzprodukte für Wurst und Würstchen, Hackfleisch, Sahne, Frischkäse, Käse, Milch und Butter – hier können gern nach Belieben Zutaten ausgetauscht werden.

Das steht nicht im Rezept

Alle Teige mit Hefe, Hefeteig Garant und Sauerteig brauchen Wärme, damit der Teig sich vergrößert und die Backwaren beim Backen später locker aufgehen. Das betrifft sowohl die Temperatur aller Zutaten sowie des Raums. Je geringer die Raumtemperatur, desto länger die Ruhezeit. Allerdings gibt es auch Teige, die über Nacht oder über mehrere Stunden kühl gestellt werden müssen.

Bei den Rezepten werden Eier der Größe M verwendet.

Obst, Gemüse, Kräuter und Salate werden vor der Zubereitung gewaschen, bei Bedarf trocken geschleudert oder abgerieben, geschält, geputzt und entkernt. Für Dressings oder zum Braten verwenden Sie Ihr Lieblingsöl.

Zu guter Letzt

Brote und Brötchen aus hellem Mehl schmecken frisch am besten. Brote mit Sauerteig halten sich länger frisch. Zum Aufbewahren eignet sich der unglasierte Tontopf am besten.

Brote und Brötchen können auch für maximal 14 Tage eingefroren werden. Dafür müssen sie möglichst luftdicht mit Frischhalte- und Alufolie verpackt werden.

Sollen Brote und Brötchen wieder »wie frisch aus dem Ofen« schmecken, dann besprühen Sie sie mit etwas Wasser und backen sie im Backofen bei ca. 200 Grad 8 bis 10 Min. auf.

Brot- und Brötchenreste gehören nicht in den Müll. Entweder verwenden Sie sie für Paniermehl oder braten kleine Würfel davon in einer Mischung aus Öl und Butter in einer Pfanne bei mittlerer Temperatur knusprig. Zum Schluss mit Salz und Ihren Lieblingsgewürzen abschmecken. Besser als Kartoffelchips! Oder für Salate und Suppen als Croûtons nutzen.

Drunter

Schritt 1:

75 g flüssiger Sauerteig, Fertigprodukt
100 g Roggenmehl, Type 1050
450 ml Wasser, warm
50 g Weizenschrot

Schritt 2:

½ Würfel Hefe
1 TL Zucker
3 EL Mehl
6 EL Wasser, warm
250 g Roggenmehl, Type 1150 + Mehl zum Bearbeiten
150 g Weizenmehl, Type 1050
1 ½ TL Salz
1 EL Kümmel, nach Belieben
ca. 150 ml Wasser, warm
4 EL Rübensirup
Butter fürs Backblech

Sauerteig-Schrotbrot

1 Den angewärmten Sauerteig, Mehl und 200 ml Wasser glattrühren. In einer Plastiktüte über Nacht ruhen lassen. Weizenschrot mit 250 ml Wasser 5 Min. leicht köcheln, dann abkühlen lassen, evtl. abgießen.

2 Am folgenden Tag die Hefe in eine Schüssel bröckeln, mit Zucker, 3 EL Mehl und Wasser glattrühren. Abgedeckt ca. 30 Min. ruhen lassen. Schrot mit Sauerteig mischen.

3 Den Sauerteig, beide Mehlsorten, Salz und Kümmel zum Hefeansatz geben. Ca. 150 ml Wasser mit Rübensirup mischen und alles mit dem Knethaken der Küchenmaschine 5 bis 8 Min. kneten. Bei Bedarf etwas Mehl oder Wasser dazugeben. Abgedeckt rund 2 Std. ruhen lassen.

4 Einen länglichen Gärkorb mit Mehl ausstreuen, Teig einfüllen und abgedeckt nochmals 3 Std. ruhen lassen. Backofen auf 250 Grad vorheizen, Backblech einfetten. Eine Schüssel mit heißem Wasser auf den Ofenboden stellen.

5 Den Teig vorsichtig aufs Backblech stürzen und in der Mitte 10 Min. backen. Temperatur auf 200 Grad verringern und weitere 40 bis 50 Min. backen. Auf einem Kuchengitter auskühlen lassen.

Ruhezeit: 5 Std. 30 Min. | Backzeit: 60 Min.

Drüber:

4 TL Hessischer Apfelweinsenf (z.B. Kohlmayer's)
6 Handkäse
150 g schmaler Schwartenmagen
4 Frühlingszwiebeln, halbiert
175 g Weintrauben, halbiert
6 gelbe Minitomaten, halbiert
4 Radieschen, geviertelt
2 EL Kräuter (Petersilie, Schnittlauch, Kresse)
1 EL Öl
Pfeffer, aus der Mühle

Handkäs-Schwartenmagen-Carpaccio

Vier Brotscheiben mit Senf bestreichen. Handkäse quer in jeweils drei Scheiben schneiden und halbieren, ebenso den Schwartenmagen. Dachziegelartig auf den Scheiben verteilen. Mit Zwiebeln, Trauben, Tomaten und Radieschen belegen. Kräuter grob hacken und mit Öl mischen. Auf den Broten verteilen, anschließend mit Pfeffer bestreuen.

Zubereitungszeit: 10 Min.

Gut zu wissen:

Der hessische Schwartenmagen mit Schweinefleisch, Pfeffer, Muskat, Koriander und Nelken besitzt einen kräftigen Biss und wird über Buchenholzspänen kalt geräuchert.

Sauerteig-Schrotbrot

mit Handkäs-Schwartenmagen-Carpaccio

Drunter

Schritt 1:
- ½ Würfel Hefe
- 1 TL Zucker
- 3 EL Mehl
- 6 EL Wasser, warm

Schritt 2:
- 75 g flüssiger Sauerteig, Fertigprodukt
- 250 g Dinkelvollkornmehl
- 250 g Dinkelmehl, Type 630 + Mehl zum Bearbeiten
- 1 TL Salz
- 200 ml Wasser, warm
- 150 g Möhren, geraspelt
- 75 g Mandeln, gehobelt
- Butter für die Kastenform

Dinkel-Möhren-Brot

1 Die Hefe in eine Schüssel bröckeln, mit Zucker, Mehl und Wasser glattrühren. Abgedeckt 30 Min. ruhen lassen.

2 Den Sauerteig nach Anleitung erwärmen. Hefe, Sauerteig, beide Mehle, Salz und ca. 200 ml Wasser mit dem Knethaken der Küchenmaschine ca. 4 Min. kneten. Möhren und Mandeln hinzufügen. Bei Bedarf noch etwas Wasser oder Mehl dazugeben. Abgedeckt 1 bis 2 Std. ruhen lassen.

3 Die Backform einfetten und den Teig einfüllen. Abgedeckt nochmals 2 Std. ruhen lassen. Den Backofen auf 230 Grad vorheizen. Eine Schüssel mit heißem Wasser auf den Ofenboden stellen.

4 Den Teig in der Mitte des Ofens 10 Min. backen. Temperatur anschließend auf 200 Grad verringern und das Brot weitere 40 bis 45 Min. backen. Auf ein Kuchengitter stürzen und abkühlen lassen.

Ruhezeit: 4 Std. | Backzeit: 55 Min.

Drüber

- 3 Paar Frankfurter Würstchen
- 2 EL Senfgurke, fein gewürfelt
- ½ rote Paprikaschote, geschält
- 100 g Emmentaler
- 3 Frühlingszwiebeln
- 1 EL Essig
- 1 EL Apfelweinsenf (z. B. Kornmayer's)
- 2 EL Öl
- Pfeffer, aus der Mühle

Frankfurter-Würstchen-Salat

Die Würstchen schräg in dünne Scheiben schneiden. Paprikaschote fein würfeln. Käsescheiben in dünne Streifen, Zwiebeln fein schneiden. Zusammen mit den Senfgurken mischen. Für das Dressing Essig, Senf, Öl und Pfeffer verrühren, über die Würstchen gießen und kurz durchziehen lassen.

Tipp: Für einen warmen Wurstsalat die Würstchen erhitzen und in Scheiben schneiden. Mit pflanzlichen Produkten lässt sich auch ein veganer Salat zaubern.

Zubereitungszeit: 10 Min.

Dinkel-Möhren-Brot

mit Frankfurter-Würstchen-Salat

Drunter

Schritt 1:
½ Würfel Hefe
1 TL Zucker
3 EL Mehl
6 EL Wasser, warm

Schritt 2:
75 g flüssigen Sauerteig, Fertigprodukt
750 g Weizenvollkornmehl + Mehl zum Bearbeiten
ca. 400 ml Wasser, warm
2 TL Salz
Butter für das Backblech

Weizenvollkornbrot

1 Die Hefe in eine Schüssel bröckeln, mit Zucker, Mehl und Wasser glattrühren. Abgedeckt 30 Min. ruhen lassen.

2 Den Sauerteig nach Anleitung erwärmen. Weizenvollkornmehl, Salz und ca. 400 ml Wasser hinzufügen und mit dem Knethaken der Küchenmaschine ca. 4 Min. kneten. Bei Bedarf noch etwas Wasser oder Mehl dazugeben.

3 Den Teig auf einer leicht bemehlten Arbeitsplatte anschließend mit den Händen kneten. Einen runden oder länglichen Gärkorb mit Mehl ausstreuen und den Teig abgedeckt ca. 2 Std. ruhen lassen. Backofen auf 230 Grad vorheizen. Eine Schüssel mit heißem Wasser auf den Ofenboden stellen.

4 Das Backblech fetten, den Teig vorsichtig darauf stürzen und in der Mitte des Ofens 10 Min. backen. Temperatur auf 200 Grad verringern und das Brot weitere 40 bis 45 Min. backen. Auf einem Kuchengitter abkühlen lassen.

Ruhezeit: 2 Std. 30 Min. | Backzeit: 55 Min.

Drüber

6 Eier, hartgekocht
200 g Schmand
2 TL Senf, scharf
1–2 EL Jogurt
50 g Schinkenspeck
125 g Pfifferlinge, frische (oder aus dem Glas: Abtropfgewicht 100 g)
etwas Butter
1 Bund Schnittlauch
Salz, Pfeffer

Eiersalat

Die Eier pellen und fein würfeln. Schmand, Senf und Jogurt cremig rühren. Den Schinkenspeck ohne Fettrand ebenfalls fein würfeln. Frische Pilze putzen und in etwas Butter kurz garen. Pilze aus dem Glas abtropfen lassen. Schnittlauch in feine Röllchen schneiden. Eier, Schinken, Pilze und Schnittlauch mit dem Dressing mischen. Zum Schluss mit Salz und Pfeffer abschmecken.

Zubereitungszeit: 10 Min.

Tipp:
Sehr lecker auch mit 100 g fein gewürfelter geräucherter Lachsforelle anstatt der Schinkenwürfel und Pilze!

Weizenvollkornbrot
mit Eiersalat

Drunter

100 g Sonnenblumenkerne
100 g Kürbiskerne
200 g Maronen, gekocht – alternativ 200 g mehlige Kartoffeln, gekocht
200 g Haferflocken
25 g Sesam
75 g Leinsamen
25 g Flohsamen
ca. 500 ml Wasser, heiß
4 EL Öl
1 TL Salz
1 EL Brotgewürz
1 Ei
Butter für die Form

Brot ohne Mehl und Hefe

1 Die Kerne leicht rösten. Maronen im Blitzhacker fein zerkleinern, alternativ Kartoffeln reiben oder zerstampfen. Alles mit Haferflocken, Sesam, Leinsamen, Flohsamen, ca. 500 ml Wasser, Öl, Salz, Brotgewürz und Ei verrühren. Falls die Masse zu fest ist, etwas Wasser dazugeben.

2 Eine Kastenform (26/28 cm) einfetten und die Masse einfüllen. Mit einem Löffel etwas zusammendrücken, um eventuelle Luftlöcher zu schließen. Die Form in den kalten Ofen, mittlere Stufe, schieben und bei 190 Grad 75 Min. backen. Auf einem Kuchengitter abkühlen lassen.

Tipp:
Für ein veganes Brot ersetzen Sie das Ei durch 2 EL Weichweizengrieß. Dieses Brot sollte am besten gut eingepackt im Kühlschrank gelagert werden, weil es in der warmen Küche leicht schimmelt. Es lässt sich auch gut einfrieren.

Backzeit: 75 Min.

Drüber

3–4 Frühlingszwiebeln
1 Knoblauchzehe, gehackt
100 g Schmand
250 g Magerquark
1 EL Paprikapulver, edelsüß
1 kleine Gewürzgurke, fein gewürfelt
Salz, Pfeffer
6 Kirschtomaten
1 Stück Gurke
Kräuter und Blüten, nach Belieben

Spundekäs

Die Frühlingszwiebeln fein hacken, dunkles Zwiebelgrün fein schneiden und beiseitelegen. Mit Knoblauch, Schmand, Quark, Paprikapulver und Gurkenwürfeln verrühren. Mit Salz, Pfeffer abschmecken und mit Zwiebelgrün bestreuen. Tomaten halbieren oder vierteln, Gurke streifig schälen und stifteln. Spundekäs damit sowie mit Kräutern und Blüten anrichten.

Tipp:
Mit pflanzlichen Produkten bekommen Sie einen veganen Aufstrich.

Zubereitungszeit: 8 Min.

Brot ohne Mehl
und Hefe
mit Spundekäs

Drunter

Schritt 1:
- 50 g Roggenschrot
- 50 g Weizenschrot
- ½ l Wasser
- ½ Würfel Hefe
- 1 TL Zucker
- 3 EL Mehl
- 6 EL Wasser, warm
- 75 g flüssiger Sauerteig, Fertigprodukt
- 50 g Rübensirup
- 1 ½ TL Salz
- ca. 300 ml Wasser, warm

Schritt 2:
- 400 g Weizenvollkornmehl + Mehl zum Bearbeiten
- 50 g Sonnenblumenkerne
- 50 g Leinsamen
- 1 EL Brotgewürz (s. S. 11)
- Butter für die Form
- Haferflocken, zum Bestreuen

Drüber
- 9 Handkäse
- 100 g Schmand
- 1 TL Senf, scharf
- 1 Bd. Frühlingszwiebeln, gehackt
- 10 Walnüsse, gehackt
- 1 rote Zwiebel, gewürfelt
- 100 g rote Bete, gekocht, gewürfelt
- 1 EL Meerrettich, scharf, aus dem Glas
- ½ grüne Paprikaschote, gewürfelt
- ½ Apfel (z. B. Granny Smith), gewürfelt
- 2–3 EL Essig
- 4 EL Öl, Salz, Pfeffer

Vollkornbrot

1 Beide Schrotmehle im Wasser 5 Min. kochen und in einer Schüssel abkühlen lassen. Hefe in eine Schüssel bröckeln, mit Zucker, Mehl und 6 EL Wasser glattrühren, 30 Min. abgedeckt ruhen lassen. Angewärmten Sauerteig mit Sirup, Salz und ca. 300 ml Wasser mischen.

2 Weizenvollkornmehl mit Hefe- sowie Sauerteigansatz und Schrot mit einem Holzlöffel verrühren. Abgedeckt 2 Std. ruhen lassen. Sonnenblumenkerne, Leinsamen und Gewürz dazugeben. Bei Bedarf etwas Mehl oder Wasser hinzufügen.

3 Die Backform einfetten, den weichen Teig einfüllen und abgedeckt nochmals 2 bis 3 Std. ruhen lassen. Den Backofen auf 190 Grad vorheizen. Eine Schüssel mit heißem Wasser auf den Ofenboden stellen. Teigoberfläche mit Wasser bestreichen und mit Haferflocken bestreuen. Auf der zweiten Stufe von unten 70 bis 75 Min backen. Auf einem Kuchengitter abkühlen lassen.

Gut zu wissen: Sonnenblumenkerne enthalten 19 g Eiweiß pro 100 g, gelten als Superfood und sind eine gute Eiweißquelle für Vegetarier und Veganer. Auch Leinsamen zählen aufgrund ihres Vitamin-, Eiweiß- und Ballaststoffgehalts als Superfood.

Ruhezeit: 5 Std. 30 Min. | Backzeit: 75 Min.

Handkäs-Dreierlei

Die Handkäse fein würfeln und auf drei Schüsseln verteilen. Erste Schüssel mit Schmand, Senf, der Hälfte der gehackten Frühlingszwiebeln und Nüssen mischen. Zweite Schüssel mit roter Zwiebel, roter Bete und Meerrettich, dritte Schüssel mit Paprika, Rest der Frühlingszwiebeln und Apfel verrühren. Aus Essig, Öl, Salz und Pfeffer ein Dressing rühren und gleichmäßig über den drei Schüsseln verteilen. Die drei Köstlichkeiten in Gläser oder Schüsseln schichten.

Zubereitungszeit: 20 Min.

Vollkornbrot
mit Handkäs-
Dreierlei

Drunter

Schritt 1:
- 75 g flüssiger Sauerteig, Fertigprodukt
- 100 g Roggenmehl, Type 997
- 200 ml Wasser, warm

Schritt 2:
- ½ Würfel Hefe
- 1 TL Zucker
- 3 EL Mehl
- 6 EL Wasser, warm

Schritt 3:
- 250 g Roggenmehl, Type 997
- 150 g Dinkelmehl, Type 1050 + Mehl zum Bearbeiten
- 1 ½ TL Salz
- 1 EL Brotgewürz
- ca. 350 ml Wasser, lauwarm
- Butter fürs Backblech

Sauerteigbrot

1 Den angewärmten Sauerteig, Mehl und 200 ml Wasser glattrühren. In einer Plastiktüte über Nacht ruhen lassen.

2 Am folgenden Tag die Hefe in eine Schüssel bröckeln, mit Zucker, Mehl und Wasser glattrühren. Abgedeckt 30 Min. ruhen lassen.

3 Den Sauerteig, beide Mehlsorten, Salz und das Brotgewürz zum Hefeansatz geben. Ca. 350 ml Wasser hinzufügen und mit den Knethaken der Küchenmaschine oder in einer Schüssel ca. 4 Min. kneten. Bei Bedarf etwas Mehl oder Wasser dazugeben. Abgedeckt 2 Std. ruhen lassen.

4 Den Teig auf einer leicht bemehlten Arbeitsplatte mit den Händen noch einmal kneten. Teig immer wieder mit ein wenig Mehl bestäuben. Einen Gärkorb mit Mehl ausstreuen und den Teig einfüllen. So lange abgedeckt ruhen lassen, bis sich das Volumen des Teigs verdoppelt hat.

5 Den Backofen auf 230 Grad vorheizen. Eine Schüssel mit heißem Wasser auf den Ofenboden stellen. Backblech einfetten und den Teig vorsichtig aufs Backblech stürzen. In der Mitte des Ofens 15 Min. backen. Temperatur auf 200 Grad verringern und weitere 40 bis 45 Min. backen. Auf einem Kuchengitter abkühlen lassen.

Ruhezeit: 12 Std. 30 Min. | Backzeit: 60 Min.

Drüber

- 175 g Sellerieknolle, gewürfelt
- 1 fester Apfel, gewürfelt
- 200 g Presskopf, gewürfelt
- 10 Walnusskerne, geröstet, gehackt
- 2 EL Rapsöl
- 2 EL Schmand
- 2 EL Apfelessig
- 2 EL Petersilie, krause, grobgehackt
- Salz, Pfeffer aus der Mühle

Sellerie-Presskopf-Salat

Den Sellerie 4 Minuten in kochendem Salzwasser garen, abgießen und abtropfen lassen. Sellerie mit Apfel, Presskopf und Nüssen mischen. Öl, Schmand und Essig verrühren. Über die Zutaten gießen, Petersilie unterrühren und mit Salz und Pfeffer abschmecken. 30 Min. durchziehen lassen.

Ruhezeit: 30 Min.
Zubereitungszeit: 15 Min.

Gut zu wissen:
Presskopf besteht wie Schwartenmagen aus Schweinefleisch, Schwarten und Gewürzen, oft zusätzlich mit Kümmel verfeinert. Diese Wurst wird nicht geräuchert, sondern bei niedriger Temperatur im Wasserbad gegart.

Sauerteigbrot
mit Sellerie-Presskopf-Salat

Drunter

Schritt 1:
300 g Frühlingszwiebeln
2 EL Butter
1 TL Majoran, getrocknet
100 ml Apfelwein
½ Würfel Hefe
1 TL Zucker
3 EL Mehl
6 EL Wasser, warm

Schritt 2:
75 g flüssiger Sauerteig, Fertigprodukt
400 g Weizenmehl, Type 1050 + Mehl zum Bearbeiten
100 g Roggenmehl, Type 997
ca. 350 ml Wasser, warm
1 ½ TL Salz
Butter fürs Backblech

Zwiebelwickel

1 Die Frühlingszwiebeln in feine Streifen schneiden. In heißer Butter mit Majoran und Wein cremig einkochen, dann beiseitestellen. Hefe in eine Schüssel bröckeln, mit Zucker, Mehl und Wasser glattrühren. Abgedeckt 30 Min. ruhen lassen.

2 Den Sauerteig anwärmen. Beide Mehle mit Sauerteig, ca. 350 ml Wasser und Salz zum Ansatz geben, mit dem Knethaken der Küchenmaschine ca. 4 Min. kneten. Bei Bedarf noch etwas Wasser oder Mehl dazugeben. In der Schüssel abgedeckt 2 Std. ruhen lassen.

3 Den Teig auf einer leicht bemehlten Arbeitsplatte mit den Händen kneten. Anschließend zu einem Rechteck (ca. 30 x 40 cm) ausrollen. Streichfähige Zwiebelmasse darauf verteilen, dabei rundherum einen ca. 4 cm breiten Rand freilassen.

4 Eine lange Seite zur Mitte einschlagen, die andere darüberlegen. Den dreilagigen Teig in der Mitte längs durchschneiden. Beide Teigstränge miteinander verschlingen und auf ein gefettetes Backblech legen. Abgedeckt nochmals ca. 2 Std. gehen lassen. Etwas Roggenmehl darüber sieben.

5 Den Backofen auf 220 Grad vorheizen. Eine Schüssel mit heißem Wasser auf den Ofenboden stellen. In der Mitte des Ofens 15 Min. backen. Temperatur auf 190 Grad reduzieren und weitere 20 bis 25 Min. backen. Auf einem Kuchengitter abkühlen lassen.

Ruhezeit: 4 Std. 30 Min. | Backzeit: 40 Min.

Drüber

300 g Räucherforelle, ohne Haut
200 g Doppelrahmfrischkäse
Zitronensaft, Salz, Pfeffer
4 Stiele Dill
1 EL Preiselbeeren

Forellencreme

Die Forellenfilets grob zerkleinern. Mit Frischkäse im Mixer vermengen, mit Zitronensaft, Salz und Pfeffer abschmecken. Einen Dillstiel beiseitelegen, den Rest fein schneiden und unter die Creme mischen. In einer Schale anrichten und mit Dill und Preiselbeeren anrichten.

Zubereitungszeit: 8 Min.

Zwiebelwickel

mit Forellencreme

Drunter

Schritt 1:
- 600 g Roggenmehl, Type 1150
- 400 g Weizenmehl, Type 550 + Mehl zum Bearbeiten
- 2 TL Salz
- 1 Würfel Hefe
- 1 TL Zucker
- 3 EL Mehl
- 6 EL Wasser, warm

Schritt 2:
- 700 g flüssiger Sauerteig, Fertigprodukt
- ca. 300 ml Wasser, warm
- 4 EL Rübensirup
- 1–2 TL Brotgewürz, nach Belieben
- Butter fürs Backblech

Roggenmischbrot

1 Beide Mehlsorten mit dem Salz mischen. Hefe in eine zweite Schüssel bröckeln, mit Zucker, 3 EL Mehl und 6 EL Wasser glattrühren. Den Ansatz abgedeckt ca. 30 Min. ruhen lassen.

2 Den Sauerteig nach Vorschrift erwärmen. Mehlmischung und Hefeansatz mit ca. 300 ml Wasser, Rübensirup, Brotgewürz und Sauerteig mischen. Alles mit dem Knethaken der Küchenmaschine ca. 4 Min. kneten. Bei Bedarf noch etwas Wasser oder Mehl dazugeben.

3 Den Teig auf einer leicht bemehlten Arbeitsplatte nochmals ca. 4 Min. mit den Händen kneten; dabei den Teig immer wieder mit etwas Mehl bestreuen. Einen Gärkorb mit Mehl ausstreuen, den Teig einfüllen, abdecken und am besten über Nacht in einer Plastiktüte ruhen lassen.

4 Den Backofen auf 230 Grad vorheizen. Eine Schüssel mit heißem Wasser auf den Ofenboden stellen. Das Backblech einfetten. Teig vorsichtig auf das Backblech stürzen und in der Ofenmitte 10 Min. backen. Die Temperatur auf 200 Grad verringern und weitere 50 bis 55 Min. backen. Auf einem Kuchengitter auskühlen lassen.

Ruhezeit: 8 Std. 30 Min. | Backzeit: 65 Min.

Drüber

- 4 EL Schmand
- 2 EL Apfelweinsenf (z. B. Kornmayer's)
- 2 EL Meerrettich, scharf, aus dem Glas
- ½ grüner Eichblattsalat
- 4 Gewürzgurken
- 1 Fenchel, klein
- 200 g ahle Keule, in Scheiben
- Pfeffer, aus der Mühle
- etwas Bärlauch

Ahle Keule

Den Schmand mit Senf und Meerrettich mischen und auf vier Scheiben Brot streichen. Jeweils mit Salatblättern belegen. Gurken längs in dünne Scheiben, Fenchel und Bärlauch in sehr feine Streifen schneiden. Die Gurken- und Wurstscheiben auf den Broten verteilen und mit Fenchel und Bärlauch bestreuen.

Zubereitungszeit: 10 Min.

Gut zu wissen:

Bärlauch ist eine Wildpflanze, die im Frühjahr in Wäldern wächst. Sie ist verwandt mit Zwiebel, Knoblauch und Schnittlauch. Ihr Geschmack ist aromatisch, scharf und intensiv knoblauchig.

Roggenmischbrot

mit ahler Keule

Drunter

Schritt 1:
½ Würfel Hefe
1 TL Zucker
3 EL Mehl
6 EL Wasser, warm

Schritt 2:
400 g Weizenmehl, Type 550 + Mehl zum Bearbeiten
100 g Roggenmehl, Type 997
75 g flüssiger Sauerteig, Fertigprodukt
ca. 350 ml Apfelwein, warm
1 ½ TL Salz
½ TL Zimt
100 g Haselnüsse, geröstet
1 Apfel, gewürfelt
Butter fürs Backblech

Apfelweinbrot

1 Die Hefe in eine Schüssel bröckeln, mit Zucker, Mehl und Wasser glattrühren. Den Ansatz abgedeckt 30 Min. ruhen lassen.

2 Beide Mehle, den angewärmten Sauerteig und ca. 350 ml Apfelwein sowie Salz und Zimt zum Ansatz geben und mit dem Knethaken der Küchenmaschine ca. 4 Min. kneten. Bei Bedarf noch etwas Wein oder Mehl dazugeben. Abgedeckt 2 Std. ruhen lassen.

3 Teig auf einer leicht bemehlten Arbeitsplatte ausbreiten, mit Nüssen und Apfelwürfeln bestreuen und mit den Händen ca. 4 Min. kneten. Einen runden Gärkorb mit Mehl bestreuen, den Teig einfüllen und abgedeckt 3 Std. ruhen lassen.

4 Ein Backblech einfetten, Backofen auf 230 Grad vorheizen. Eine Schüssel mit heißem Wasser auf den Ofenboden stellen. Teig vorsichtig auf das Backblech stürzen. 10 Min. backen, die Temperatur auf 200 Grad verringern und weitere 40 bis 45 Min. backen. Auf einem Kuchengitter auskühlen lassen.

Ruhezeit: 5 Std. 30 Min. | Backzeit: 55 Min.

Drüber

5 Handkäse
75 ml Riesling oder Apfelwein
200 ml Sahne
100 g Butter, weich
250 Quark, 20% Fett
50 g Emmentaler, gewürfelt
1 Ei
1 TL Natron
1 TL Kümmel
etwas Paprikapulver
1 Bd. Radieschen
½ Bd. Schnittlauch

Kochkäse

Den Handkäse würfeln, mit Wein, Sahne, Butter, Quark und Käse im Wasserbad unter ständigem Rühren schmelzen. Das Ei hinzugeben, Natron und Kümmel einrühren. Den Kochkäse in eine Schale füllen, einige Male umrühren und zum Abkühlen beiseitestellen.

Vor dem Servieren mit Paprikapulver bestreuen. Radieschen mit etwas Grün vierteln. Schnittlauch in Röllchen schneiden und über die Radieschen geben. Zusammen mit dem Kochkäse anrichten.

Zubereitungszeit: 12 Min.

Apfelweinbrot

mit Kochkäse

Drunter

Schritt 1:
½ Würfel Hefe
1 TL Zucker
3 EL Mehl
6 EL Wasser, warm
100 g + 25 g Sonnenblumenkerne

Schritt 2:
200 g Weizenmehl, Type 1050 + Mehl zum Bearbeiten
300 g Roggenmehl, Type 997
1 TL Salz
1 TL Brotgewürz, nach Belieben
150 g Sauerteig, Fertigprodukt
30 g Rübensirup
ca. 350 ml Wasser, warm
4 EL Sonnenblumenöl
Butter für die Form

Sonnenkraftbrot

1 Die Hefe in eine Schüssel bröckeln, mit Zucker, Mehl und Wasser glattrühren. Den Ansatz abgedeckt 30 Min. ruhen lassen. 100 g Sonnenblumenkerne in einer Pfanne leicht rösten.

2 Beide Mehle, Salz, Brotgewürz, angewärmten Sauerteig und Rübensirup mit ca. 450 ml Wasser und Öl zum Ansatz geben und mit dem Knethaken der Küchenmaschine ca. 4 Min. kneten. Bei Bedarf noch etwas Wasser oder Mehl dazugeben. Abgedeckt 2 Std. ruhen lassen.

3 Die gerösteten Sonnenblumenkerne mit dem Knethaken der Küchenmaschine in den Teig einarbeiten. Eine Brotback- oder Kastenform einfetten und den Boden mit den restlichen Sonnenblumenkernen bestreuen. Teig einfüllen und abgedeckt 2 Std. ruhen lassen.

4 Backofen auf 230 Grad vorheizen. Eine Schüssel mit heißem Wasser auf den Ofenboden stellen. Teig 10 Min. backen, die Temperatur auf 200 Grad verringern und weitere 30 bis 35 Min. backen. Zum Auskühlen auf ein Kuchengitter stürzen.

Ruhezeit: 4 Std. 30 Min. | Backzeit: 45 Min.

Drüber

4 Winzerkäse
4 Frühlingszwiebeln
200 g Fleischkäse, in Scheiben
10 Walnüsse, gehackt
200 g Trauben, hell und dunkel
2 – 3 EL Apfelessig oder Apfelwein
2 EL Traubenkernöl
1 EL Apfelsenf (z. B. Kornmayer's)
Salz, Pfeffer

Winzerkäse

Den Käse würfeln. Zwiebeln klein schneiden, etwas Grün beiseitelegen. Fleischkäse würfeln, Trauben halbieren. Alles miteinander vermengen. Essig oder Wein mit Öl und Senf unterrühren. Anschließend alles mit Salz und Pfeffer abschmecken und mit Zwiebelgrün bestreuen.

Zubereitungszeit: 12 Min.

Tipp:
Mit pflanzlichen Produkten erhalten Sie einen veganen Aufstrich. Der Winzerkäse kann z. B. gut durch geschmorte Würfel von Kräuterseitlingen ersetzt werden.

Sonnenkraftbrot
mit Winzerkäse

Drunter

½ Würfel Hefe
1 TL Zucker
3 EL Mehl
6 EL Wasser, warm
750 g Weizenmehl, Type 550 + Mehl zum Bearbeiten
125 g Butter, weich
4 Eigelb, 2 Eier
Salz
ca. 300 ml Milch, lauwarm
Butter für die Kastenform

Sonntagsbrot

1 Die Hefe in eine Schüssel bröckeln, mit Zucker, Mehl und Wasser glattrühren. Den Ansatz abgedeckt 30 Min. ruhen lassen. 750 g Mehl, Butter, 3 Eigelbe und die Eier sowie etwas Salz zum Ansatz geben, ca. 300 ml Milch hinzufügen und mit dem Knethaken der Küchenmaschine 4 Min. kneten. Bei Bedarf etwas Mehl oder Milch dazugeben.

2 Den Teig auf einer leicht bemehlten Arbeitsplatte ca. 4 Min. mit den Händen kneten. Ungefähr 420 g Teig abwiegen und daraus 3 ca. 25 cm lange Rollen formen und zu Schnecken drehen. Backform (28/30 cm) einfetten und den restlichen Teig einfüllen. Schnecken darauflegen. Abgedeckt ca. 2 Std. ruhen lassen.

3 Den Backofen auf 200 Grad vorheizen. Eine Schüssel mit heißem Wasser auf den Ofenboden stellen. Übriges Eigelb mit etwas Wasser verrühren und die Oberfläche damit bestreichen. Das Brot in der Mitte des Ofens 45 bis 50 Min. backen. Auf ein Kuchengitter stürzen und abkühlen lassen.

Ruhezeit: 2 Std. 30 Min. | Backzeit: 50 Min.

Drüber

375 g Butter, weich
Salz, Pfeffer aus der Mühle
1 kleine Handvoll Blütenblätter (Rosen, Salbei, Borretsch, Lavendel)
1 EL Basilikum, grob gehackt
½ Pck. Grüne Soße
4 EL Tomatenmark
1 TL Thymianblättchen, frisch

Buttervariationen

Die Butter mit etwas Salz und Pfeffer schaumig rühren und gleichmäßig auf drei Schüsseln verteilen. Für die Blütenbutter große Blüten klein zupfen, mit grob gehacktem Basilikum unter das erste Drittel der Butter mischen. Für die Kräuterbutter die Grüne Soße fein hacken und unter das zweite Drittel mischen. Restliche Butter mit Tomatenmark und Thymian verrühren. Beide Zubereitungen mit Salz und Pfeffer pikant abschmecken. Die gekühlten Buttermischungen in drei Schälchen füllen und kühl stellen.

Zubereitungszeit: 18 Min.

Sonntagsbrot

mit Butter-variationen

Drunter

Für 9 Brötchen

Schritt 1:

15 g Hefe, frisch
1 TL Zucker
3 EL Mehl
6 EL Wasser, warm

Schritt 2:

ca. 250 ml Buttermilch, warm
25 g Butter, flüssig
300 g Weizenmehl, Type 550 + Mehl zum Bearbeiten
100 g Müsli + 3 EL Butter fürs Backblech
1 Eigelb

Müslibrötchen

1 Die Hefe in eine Schüssel bröckeln, mit Zucker, Mehl und Wasser glattrühren. Abgedeckt 30 Min. ruhen lassen.

2 Buttermilch mit Butter mischen. 300 g Mehl und Müsli zum Ansatz geben, die Buttermilchmischung hinzufügen und alles mit dem Knethaken der Küchenmaschine ca. 4 Min. kneten. Bei Bedarf noch etwas Buttermilch oder Mehl dazugeben. Abgedeckt 2 Std. ruhen lassen.

3 Den Teig auf einer leicht bemehlten Arbeitsplatte mit den Händen kneten. Neun gleichgroße runde Brötchen formen, mit einem Messer oder Cutter einmal einschneiden. Backblech mit Butter einfetten. Brötchen aufs Blech legen und abgedeckt nochmals 1 Std. gehen lassen. Eigelb mit etwas Wasser glattrühren. Die Teigoberfläche damit bestreichen und mit dem restlichen Müsli bestreuen.

4 Den Backofen auf 200 Grad vorheizen. Eine Schüssel mit heißem Wasser auf den Ofenboden stellen. Die Brötchen in der Mitte des Ofens 25 bis 30 Min. backen. Auf einem Kuchengitter abkühlen lassen.

Ruhezeit: 3 Std. 30 Min. | Backzeit: 30 Min.

Drüber

75 g Haselnüsse, gehackt
250 g Sahne
100 g Zartbitterkuvertüre
50 g Vollmilchschokolade
2 TL Kakaopulver, ungesüßt
2 geh. EL Haselnussmus (Reformhaus, Bioladen)

Schoko-Nuss-Creme

Die Nüsse in einer Pfanne langsam rösten, Sahne darin aufkochen und 30 Min. ziehen lassen. Sahne durch ein Sieb in einen Topf gießen, noch einmal erhitzen, aber nicht kochen. Kuvertüre und Schokolade mit einem großen Messer paspeln. Zur Sahne geben, Kakao darüber sieben und alles gut mit dem Schneebesen cremig rühren. Zum Schluss das Haselnussmus darunter mischen.

Zubereitungszeit: 15 Min.

Müslibrötchen

mit Schoko-Nuss-Creme

Drunter

Schritt 1:
½ Würfel Hefe
1 TL Zucker
3 EL Mehl
6 EL Wasser, warm

Schritt 2:
750 g Dinkelmehl, Type 812 + Mehl zum Bearbeiten
1 ½ TL Salz
ca. 420 ml Wasser, warm
1 ½ TL Salz
ca. 200 g gemischte Nusskerne (Walnüsse, Haselnüsse, Kürbiskerne)
Butter für die Kastenform

Dinkel-Nuss-Brot

1 Die Hefe in eine Schüssel bröckeln, mit Zucker, Mehl und Wasser glattrühren. Abgedeckt 30 Min. ruhen lassen.

2 Das Dinkelmehl und Salz zum Ansatz geben, ca. 420 ml Wasser hinzufügen und mit den Knethaken der Küchenmaschine oder in einer Schüssel ca. 4 Min. kneten. Bei Bedarf etwas Mehl oder Wasser dazugeben. Abgedeckt ca. 2 Std. ruhen lassen.

3 Teig auf einer leicht bemehlten Arbeitsplatte mit den Händen ca. 4 Min. kneten. Nussmischung grob hacken und einarbeiten. Eine Kastenform oder Brotbackform einfetten und den Teig einfüllen. Oberfläche mit einem scharfen Messer oder Cutter längs einmal einschneiden. Nochmals ca. 2 Std. abgedeckt ruhen lassen.

4 Den Backofen auf 200 Grad vorheizen. Eine Schüssel mit heißem Wasser auf den Ofenboden stellen. In der Mitte des Ofens 50 bis 55 Min. backen. Auf ein Kuchengitter stürzen und abkühlen lassen.

Ruhezeit: 4 Std. 30 Min. | Backzeit: 55 Min.

Drüber

1 Bd. Frühlingszwiebeln
1 Knoblauchzehe
50 g Schinkenspeck, nach Belieben
250 g Bio-Champignons, braun
100 g Doppelrahmfrischkäse
100 g Saure Sahne
2–3 EL Apfelessig
Salz, Zucker
Pfeffer aus der Mühle
4 EL Petersilie, glatt, gehackt

Pilzhäckerle

Die Frühlingszwiebeln putzen, Knoblauch abziehen und beides klein schneiden, dunkles Zwiebelgrün beiseitelegen. Schinkenspeck ohne Fettrand in feine Streifen schneiden. Champignons mit einem feuchten Tuch abreiben, Stiele kürzen. Zwei, drei Pilze beiseitelegen. Restliche Pilze fein würfeln. Frischkäse mit Sahne und Essig mischen. Pilze, Zwiebeln, Knoblauch und Speck einrühren, mit Salz, Zucker, Pfeffer und Petersilie abschmecken. Zur Seite gelegte Pilze kleinschneiden und den Aufstrich damit und mit Zwiebelgrün dekorieren.

Zubereitungszeit: 15 Min.

Dinkel-Nuss-Brot

mit Pilzhäckerle

Drunter

Schritt 1:
¾ Würfel Hefe
1 TL Zucker
3 EL Mehl
6 EL Wasser, warm

Schritt 2:
100 g Maronen, gekocht, Fertigprodukt
40 g Mandeln, gehobelt
400 g Dinkelmehl, Type 1050
150 g Dinkelmehl, Type 630 + Mehl zum Bearbeiten
ca. 300 ml Wasser, warm
5 EL Öl
1 ½ TL Salz
Butter für die Form

Maronenfladen

1 Die Hefe in eine Schüssel bröckeln, mit Zucker, Mehl und Wasser glattrühren. Abgedeckt 30 Min. ruhen lassen.

2 Maronen im Blitzhacker zerkleinern. Mandeln, beide Mehle mit Maronen und 300 ml Wasser, Öl und Salz zur Hefe geben und mit dem Knethaken der Küchenmaschine ca. 4 Min. kneten. Bei Bedarf noch etwas Wasser oder Mehl dazugeben. Abgedeckt in einer Schüssel über Nacht kühl stellen.

3 Eine eckige oder runde Form einfetten und den Teig einfüllen. Mit einem scharfen Messer oder Cutter rautenförmig einschneiden. Abgedeckt 2 Std. ruhen lassen. Dann etwas Mehl darüber sieben. Backofen auf 220 Grad vorheizen. Eine Schüssel mit heißem Wasser auf den Ofenboden stellen. Das Brot in der Mitte des Ofens 30 bis 35 Min. backen. Auf einem Kuchengitter abkühlen lassen.

Ruhezeit: 10 Std. 30 Min. | Backzeit: 35 Min.

Drüber

300 g Rote Bete
1 Birne, groß und fest
Weißwein oder Apfelsaft
5 EL Sonnenblumenkerne
1 EL Butter
1 EL Zucker
2–3 EL Meerrettich, scharf, aus dem Glas
Zitronensaft, Salz, Pfeffer
1 EL Schmand
Salatblätter

Rote-Bete-Creme

1 Die Roten Beten einzeln in Alufolie wickeln und im Backofen bei 200 Grad etwa 1 Std. garen, schälen und abgekühlt reiben. Birne längs in dünne Scheiben hobeln. In Wein oder Saft kurz bissfest garen und abkühlen lassen. Sonnenblumenkerne in Butter und Zucker leicht karamellisieren. Auf einem leicht geölten Teller abkühlen lassen. Anschließend grob hacken.

2 Rote Bete mit Meerrettich mischen, mit Zitronensaft, Salz und Pfeffer abschmecken. 2 EL davon für die Deko mit Schmand verrühren. Vier Scheiben Brot mit Salat belegen und mit der Creme bestreichen, Birnen darüber geben, mit Cremetupfen und Sonnenblumenkernen bestreuen.

Zubereitungszeit: 1 Std. 15 Min.

Tipp: Anstelle der rosa Cremetupfen können Sie auch Ziegenfrischkäse verwenden.

Maronenfladen

mit Rote-Bete-Creme

Drunter

Schritt 1:
200 g Softfrüchte (Trockenfrüchte, Backobst)
100 g Mandeln, geschält
½ Würfel Hefe
1 TL Zucker
3 EL Mehl
6 EL Wasser, warm

Schritt 2:
250 g Dinkelmehl, Type 630
250 g Weizenmehl, Type 550 + Mehl zum Bearbeiten
50 g Butter, weich
2 Eier + 1 Eigelb
1 TL Salz
ca. 200 ml Wasser, warm
etwas Milch
Butter fürs Backblech

Früchtebrot

1 Die Trockenfrüchte (Pflaumen, Aprikosen, Apfel, Birnen usw.) mittelgrob schneiden und mit den Mandeln (davon 6 beiseitelegen) mischen. Falls die Trockenfrüchte zu hart sind, müssen sie ca. 2 Std. in warmem Wasser eingeweicht werden. Die Hefe in eine Schüssel bröckeln, mit Zucker, Mehl und Wasser glattrühren. Abgedeckt 30 Min. ruhen lassen.

2 Beide Mehle mit Butter, 2 Eiern, Salz und ca. 200 ml Wasser zur Hefe geben und mit dem Knethaken der Küchenmaschine ca. 4 Min. kneten. Bei Bedarf noch etwas Wasser oder Mehl dazugeben. Abgedeckt 20 Min. ruhen lassen. Ca. 80 g Teig beiseitelegen. Früchte mit 2 EL Mehl mischen und unter den restlichen Teig kneten. Eine Schüssel mit Öl einfetten und den Teig einfüllen. Abgedeckt nochmals ca. 2 Std. ruhen lassen.

3 Aus dem restlichen Teig mit etwas Mehl drei ca. 20 cm lange Streifen formen. Ein Backblech einfetten. Teig langsam aus der Schüssel aufs Backblech stürzen. Eigelb mit etwas Wasser mischen. Teigstreifen auf einer Seite damit bestreichen und kreuzförmig auf die Oberfläche drücken. Mit den zurückgelegten Mandeln dekorieren. Streifen noch einmal mit Ei bestreichen. Abgedeckt erneut ca. 2 Std. ruhen lassen.

4 Den Backofen auf 220 Grad vorheizen. Eine Schüssel mit heißem Wasser auf den Ofenboden stellen. Das Brot in der Mitte des Ofens erst 10 Min., dann bei 200 Grad (untere Stufe) weitere 35 bis 40 Min. backen. Auf einem Kuchengitter abkühlen lassen.

Ruhezeit: 4 Std. 50 Min. | Backzeit: 50 Min.

Drüber

125 g Zucker
½ TL Zitronensaft
1 EL Honig
150 g + 20 g Butter, sehr weich
ca. 1 TL Salz, grob
4 EL Mandelblättchen
etwas Öl

Salzkaramellbutter

Den Zucker mit Zitronensaft in einer Pfanne zu einem hellen Karamell schmelzen. 20 g Butter, Honig, Salz und 2 EL Mandeln einrühren. Einen großen Teller dünn einölen und das Karamell darauf gießen, fest werden lassen. Karamell im Blitzhacker fein zerkleinern und mit der Butter mischen. In eine Schale füllen, mit den restlichen Mandelblättern garnieren und zimmerwarm servieren.

Zubereitungszeit: 12 Min.

Früchtebrot

mit Salzkaramellbutter

Drunter

Für 6 Brötchen

250 g Butter, weich
50 g Mehl
1 Würfel Hefe
1 TL Zucker
3 EL Mehl
6 EL Wasser, warm
500 g Weizenmehl, Type 550 + Mehl zum Bearbeiten
50 g Butter, weich
1 TL Salz
ca. 300 ml Wasser, warm
1 Eigelb
40 g Emmentaler, geraspelt
Butter fürs Backblech

Käse-Splitter-Brötchen

1 Die Butter mit dem Mehl verkneten und zwischen zwei Lagen Backpapier 18 x 24 cm groß ausrollen. 10 bis 12 Std. kühl stellen. Die Hefe in eine Schüssel bröckeln, mit Zucker, Mehl und Wasser glattrühren, abgedeckt 30 Min. ruhen lassen. Mehl, Butter, Salz und Wasser zum Ansatz geben und mit dem Knethaken der Küchenmaschine 4 Min. kneten. Abgedeckt 3 bis 4 Std. kühl stellen.

2 Den gekühlten Teig auf einer bemehlten Arbeitsfläche doppelt so groß wie das Butterstück ausrollen. Butterplatte mittig darauflegen und Teig von unten zur Mitte klappen und von oben darüberlegen. Es entstehen 3 Lagen, doppelt so groß ausrollen und 30 Min. kühl stellen.

3 Den Teig wieder von unten und von oben zur Mitte klappen. Teig um 90 Grad drehen und wieder doppelt so groß ausrollen, 30 Min. kühl stellen. Vorgang noch zweimal wiederholen. Die lange Seite sollte gut 30 cm messen. Von dieser Seite fest aufrollen und sechs gut 4 cm breite Stücke abschneiden.

4 Das Backblech einfetten und die Brötchen drauflegen. In der Mitte einschneiden und rechts und links davon mit einem dünnen Rundholz eindrücken. Abgedeckt 30 Min. ruhen lassen. Backofen auf 200 Grad vorheizen. Vorsicht: Die Teiglinge neigen dazu, umzukippen. In der Mitte 10 Min backen. Eigelb mit etwas Wasser verrühren, die Teiglinge damit bestreichen und mit Käse bestreuen, weitere 15 bis 20 Min. backen. Auf einem Kuchengitter auskühlen lassen.

Ruhezeit: 18 Std. 30 Min. | Backzeit: 30 Min.

Drüber

2 Pck. Körniger Frischkäse (400 g)
1–2 EL Schmand
1 Bd. Radieschen, in Scheiben
1 Bd. Frühlingszwiebeln
1 TL Öl
1 Bd. Schnittlauch, in Röllchen
1 Beet Kresse
Kräutersalz

Körniger Frischkäse

Den Frischkäse mit Schmand verrühren, Radieschen untermischen. Hellen Teil der Zwiebeln fein schneiden und in etwas Öl kurz braten, abgekühlt mit Schnittlauch und Kresse zum Frischkäse geben. Mit Salz abschmecken. Dunkles Zwiebelgrün gehackt darüber streuen.

Zubereitungszeit: 8 Min.

Käse-Splitter-Brötchen

mit körnigem Frischkäse

Drunter

Schritt 1:
¼ Würfel Hefe
1 Prise Zucker
180 g Dinkelmehl, Type 630
100 ml Wasser, warm

Schritt 2:
½ Würfel Hefe
250 g Dinkelmehl, Type 630 + Mehl zum Bearbeiten

Schritt 3:
55 g gemischte Kräuter, TK oder frisch
ca. 180 ml Wasser, warm
3 EL Öl + Öl zum Bearbeiten
1 gestr. TL Salz
Butter fürs Backblech

Kräuter-Dinkel-Brot

1 Für den Ansatz einen Tag zuvor ¼ Würfel Hefe mit Zucker, Mehl und Wasser grob mischen, in eine Plastiktüte stecken, mit einem Tuch abdecken und bei Raumtemperatur 20 bis 24 Std. ruhen lassen.

2 Am folgenden Tag nochmals ½ Würfel Hefe über 250 g Mehl bröckeln.

3 Aufgetaute oder frische gehackte Kräuter mit ca. 180 ml Wasser, Öl und Salz mischen. Zusammen mit dem Ansatz zum Mehl geben und mit dem Knethaken 4 Min. kneten. Schüssel und Teig leicht einfetten und den Teig darin abgedeckt 1 ½ Std. ruhen lassen

4 Den Teig auf einer bemehlten Arbeitsfläche wie folgt bearbeiten: Teig etwas auseinanderziehen und etwa 12-mal immer wieder zur Mitte einschlagen. Dabei den Teig immer ein Stück weiterdrehen. Auf einem gefetteten Backblech abgedeckt 1 Std. ruhen lassen.

5 Backofen auf 230 Grad vorheizen. Teig in der Mitte 10 Min. backen, Temperatur auf 200 Grad reduzieren und weitere 35 bis 40 Min. backen. Zwischendurch dreimal mit Wasser besprühen. Auf einem Kuchengitter auskühlen lassen.

Ruhezeit: 26 Std. 30 Min. | Backzeit: 50 Min.

Drüber

300 g Blattspinat, TK
2 EL Butter
1 Knoblauchzehe, gehackt
Salz, Pfeffer
3 – 4 Tomaten, groß
etwas Öl
4 Eier, Gr. L
4 EL Apfelsenf (z. B. Kohlmayer's)

Spinat und Ei

Den Spinat mit Butter und Knoblauch erhitzen, ausdrücken und mit Salz und Pfeffer würzen. Tomaten in dickere Scheiben schneiden. In einer Pfanne mit Öl kurz anbraten. Eier in 6 Min. wachsweich kochen und pellen. Vier Brotscheiben leicht rösten, mit Tomaten und Spinat belegen. Jeweils ein aufgeschnittenes Ei darauflegen und mit etwas Senf bestreichen.

Zubereitungszeit: 18 Min.

Kräuter-
Dinkel-Brot
mit Spinat und Ei

Drunter

- 75 g Roggenbackschrot, Type 1800
- ca. 150 ml, heiß + 100 ml Wasser, warm
- 50 g Griebenschmalz
- 300 g Dinkelmehl, Type 1050 + Mehl zum Bearbeiten
- 1 Pck. Hefeteig Garant
- 1 TL Salz
- 2 – 3 EL Kümmelsamen
- Butter fürs Backblech

Kümmelfladen

1 Das Backschrot mit 150 ml heißem Wasser übergießen und über Nacht quellen lassen.

2 Am nächsten Tag vorhandene Flüssigkeit abgießen. Schmalz im restlichen Wasser auflösen. Mehl mit Hefeteig Garant und Salz mischen. Backschrot und etwas Kümmel hinzufügen und das Wasser einrühren.

3 Den Teig auf einer leicht bemehlten Arbeitsplatte zu einem glatten Teig verkneten. Bei Bedarf noch etwas Wasser oder Mehl dazugeben. Mit bemehlten Händen einen Fladen formen und mit einem Messer sternförmig einschneiden. Etwas Kümmel leicht auf die Oberfläche drücken.

4 Ein Backblech einfetten und den Fladen daraufsetzen. Mindestens 15 Min. abgedeckt ruhen lassen. Den Backofen auf 220 Grad vorheizen. Eine ofenfeste Schüssel mit heißem Wasser auf den Ofenboden stellen. In der Ofenmitte 10 Min. backen. Die Temperatur auf 190 Grad verringern und weitere 30 bis 35 Min. backen. Auf einem Kuchengitter auskühlen lassen.

Tipp: Roggenback- und Weizenbackschrot finden Sie im Bioladen, Reformhaus oder im Internet.

Ruhezeit: 8 Std. 15 Min. | Backzeit: 45 Min.

Drüber

- 4 Handkäse
- 1 Bd. Frühlingszwiebeln
- 1 Apfel, fest
- 6 Radieschen, große
- 10 Walnusskerne
- 125 g Butter, weich
- Salz, Pfeffer aus der Mühle
- 1 Beet Kresse

Handkästalar

Den Handkäse zuerst längs in dünne Scheiben, dann in kleine Würfel schneiden. Zwiebeln putzen, weißen und hellgrünen Teil sehr fein schneiden. Mit dem Käse mischen. Apfel mit oder ohne Schale und die Radieschen grob raspeln. Ungefähr 10 schöne Radieschenblätter fein hacken. Ebenso die Nüsse. Anschließend alles zum Käse geben. Butter schaumig rühren, mit allen Zutaten mischen. Mit Salz und Pfeffer aus der Mühle abschmecken. Ca. 2 Std. durchziehen lassen. Vor dem Servieren mit Kresseblättchen bestreuen.

Ruhezeit: 2 Std. | Zubereitungszeit: 10 Min.

Kümmelfladen
mit Handkästatar

Drunter

Für 6 Burgerbrötchen
15 g Hefe, frisch
1 TL Zucker
3 EL Mehl
6 EL Wasser, warm
350 g Weizenmehl, Type 550 + Mehl zum Bearbeiten
½ TL Salz
1 EL Zucker
2 Eier + 1 Eigelb
50 g Butter, flüssig
ca. 150 ml Milch, warm + etwas Milch zum Bestreichen
etwas Sesam
Butter fürs Backblech

Hessen-Burger

1 Die Hefe in eine Schüssel bröckeln. Mit Zucker, 3 EL Mehl und Wasser glattrühren. Abgedeckt 30 Min. ruhen lassen. 350 g Mehl zum Ansatz geben, ebenso Salz, Zucker, 2 Eier, Butter und ca. 150 ml Milch. Den Teig mit dem Knethaken der Küchenmaschine ca. 4 Min. kneten. Abgedeckt 1 Std. ruhen lassen.

2 Den Teig auf einem bemehlten Brett kurz kneten. Backblech einfetten, Backofen auf 200 Grad vorheizen. Sechs gleich schwere Teigstücke abschneiden und zu runden Brötchen formen. Eigelb mit 4 EL Milch verrühren, Brötchen damit bestreichen und mit etwas Sesam bestreuen. Abgedeckt 1 Std. ruhen lassen. Auf der mittleren Stufe 20 bis 25 Min. backen. Auf einem Kuchengitter auskühlen lassen.

Tipp: Für lockere Partybrötchen formen Sie aus dem Teig 15 bis 20 kleine Teigkugel und setzen sie in eine gefettete Springform (28/30 cm). Die Oberflächen mit Eigelb-Wasser-Mischung bestreichen und mit Sesam, Mohnsamen, Kümmel, Kräutern und Haferflocken bestreuen.

Ruhezeit: 2 Std. 30 Min. | Backzeit: 25 Min.

Drüber

6 Handkäse
4 EL Mehl
2 Eier
ca. 100 g Paniermehl
Öl zum Braten
1 Bd. Frühlingszwiebeln
2 Äpfel
4 Salatblätter
4 EL Senf, scharf
4 EL Schmand
4 EL Preiselbeeren, Fertigprodukt

Gebratener Handkäse

1 Die Handkäse beidseitig in Mehl wenden. Eier verrühren, Handkäse darin wälzen, dann im Paniermehl. Vorgang Ei und Paniermehl noch einmal wiederholen und in heißem Öl bei mittlerer Temperatur auf beiden Seiten goldgelb (nicht zu lange) braten.

2 Zwei Käse halbieren. Frühlingszwiebeln fein schneiden und in etwas Öl kurz anbraten. Äpfel in ca. 4–5 mm dicke Scheiben schneiden, Kerngehäuse herausschneiden, in Öl bissfest garen.

3 Die Burger halbieren und Schnittflächen rösten, untere Teile mit Senf bestreichen. Mit Salat, Apfelscheiben, Zwiebeln und jeweils 1 ½ Käse belegen. Schmand und Preiselbeeren darüber geben und mit den oberen Hälften abdecken.

Zubereitungszeit: 30 Min.

Hessen-Burger
mit gebratenem
Handkäse

Drunter

350 g Dinkelmehl, Type 630 + Mehl zum Bearbeiten
1 Pck. Hefeteig Garant
1 TL Salz
1 TL Backmalz
1 Eigelb
Rosmarinnadeln und Sesam zum Bestreuen
Butter fürs Backblech

Dinkelstangen

1 Das Mehl mit Hefeteig Garant, Salz und Backmalz mischen. Mit dem Knethaken der Küchenmaschine 2 Min. kneten. Bei Bedarf noch etwas Mehl oder Wasser hinzufügen. Abgedeckt 10 Min. ruhen lassen.

2 Den Teig auf einer leicht bemehlten Arbeitsplatte kurz durchkneten und das Backblech einfetten. Mit bemehlten Händen zwei längliche Brote formen, aufs Backblech setzen und jeweils mit einem Messer oder Cutter dreimal schräg einschneiden.

3 Das Eigelb mit etwas Wasser verrühren. Die Teigoberfläche damit bestreichen und ein Brot mit Rosmarin und eines mit Sesam bestreuen. Abgedeckt mindestens 15 Min. ruhen lassen.

4 Den Backofen auf 240 Grad vorheizen. In der Ofenmitte 10 Min. backen. Während der Backzeit dreimal mit Wasser besprühen. Die Temperatur auf 200 Grad verringern und weitere 15 bis 20 Min. backen. Auf einem Kuchengitter auskühlen lassen.

Ruhezeit: 25 Min. | Backzeit: 30 Min.

Gut zu wissen:

Backmalz besteht aus enzymaktivem Malz aus Weizen oder Gerste. Es gilt als Geheimzutat für Brote und Brötchen aus Weizen- und Dinkelmehl. Backmalz verleiht jedem Gebäck eine besonders rösche Kruste und eine weiche Krume.

Drüber

1 Bd. Frühlingszwiebeln
1 Tasse gemischte Kräuter (Petersilie, Schnittlauch, Dill, Kresse)
8 Eier
125 ml Milch
Salz
Pfeffer aus der Mühle
Muskatnuss
100 g Schinkenspeck, in dünnen Scheiben (nach Belieben)
50 g Butter
2 Tomaten, geviertelt

Kräuterrührei

Die Frühlingszwiebeln fein schneiden, Kräuter fein hacken, etwas dunkles Zwiebelgrün und ein paar gehackte Kräuter beiseitelegen. Eier mit Milch, Salz, Pfeffer, Muskat, Zwiebeln und den Kräutern verrühren. Hälfte vom Speck in schmale Streifen schneiden. Butter in einer großen Pfanne erhitzen, Eimasse einfüllen, Speckstreifen dazugeben. Das Rührei bei mittlerer Temperatur vollenden. Mit Zwiebelgrün, Kräutern, Speckscheiben und den Tomaten auf gerösteten Brotscheiben anrichten.

Zubereitungszeit: 15 Min.

Dinkelstangen
mit Kräuterrührei

Bierbrot

Drunter

30 g frische Hefe
1 TL Zucker
3 EL Mehl
6 EL Wasser, warm
400 g Weizenmehl, Type 1050 + Mehl zum Bearbeiten
200 g Dinkelmehl, Type 812
1 TL Salz
1 TL Brotgewürz (nach Belieben)
ca. 250 ml helles Bier, lauwarm
Backpapier für die Form
2 EL Öl

1 Die Hefe in eine Schüssel bröckeln, mit Zucker, Mehl und Wasser glattrühren. Abgedeckt 30 Min. ruhen lassen. Beide Mehle, Salz, Brotgewürz und ca. 250 ml Bier hinzufügen und mit dem Knethaken der Küchenmaschine ca. 4 Min. kneten. Bei Bedarf noch etwas Mehl oder Wasser dazugeben.

2 Backpapier dünn mit Öl bestreichen und damit eine Springform (18/20 cm) locker auskleiden und den Teig einfüllen. Abgedeckt mindestens 4 Std. ruhen lassen.

3 Den Backofen auf 230 Grad vorheizen. Das Brot 10 Min. backen. Temperatur auf 200 Grad verringern und weitere 40 bis 45 Min. backen. Auf ein Kuchengitter stürzen, das Papier abziehen und auskühlen lassen.

Tipp: Sie können für dieses Brot, aber auch für die anderen Brote in diesem Buch, auch nur eine Mehlsorte verwenden. Weizen- und Dinkelmehl lassen sich gut untereinander austauschen.

Ruhezeit: 4 Std. 30 Min. | Backzeit: 55 Min.

Ahle-Worscht-Häckerle

Drüber

125 g Ahle Blutwurst
125 g Ahle Leberwurst
125 g Stracke (Mettwurst)
1 Zwiebel, rot
1 Bd. Frühlingszwiebeln
1 Apfel, groß und fest
ca. 25 g Senfgurke
1 Gewürzgurke
2–3 Radieschen
(alles fein gewürfelt)
2 EL Apfelessig
1 EL Apfelsenf (z. B. Kornmayer's)
4 EL Rapsöl
Salz, Pfeffer
1 Bd. Schnittlauch

Alle Wurstsorten ohne Haut und gewürfelt getrennt auf Schüsseln verteilen. Blutwurst mit einem Teil der roten Zwiebel- und Apfelwürfel mischen. Leberwurst mit Frühlingszwiebeln und einem Teil Apfelwürfel und der Senfgurke mischen. Stracke mit den restlichen roten Zwiebeln, Gewürzgurke, Radieschen und Äpfeln mischen. Für das Dressing Essig, Senf und Öl verrühren. Jede Wurstmischung damit begießen, mit Salz und Pfeffer abschmecken. Die drei Wurstsalate abwechselnd in Glasgefäße schichten. Mit Schnittlauchröllchen bestreuen.

Zubereitungszeit: 15 Min.

Bierbrot
mit Ahle-Worscht-Häckerle

Drunter

Für 6 doppelte Wasserweck

Schritt 1:
- ½ Würfel Hefe
- 1 TL Zucker
- 3 EL Mehl
- 6 EL Wasser, warm

Schritt 2:
- 500 g Weizenmehl, Type 550 + Mehl zum Bearbeiten
- ca. 300 ml Wasser, lauwarm
- 1 TL Salz
- Butter fürs Backblech

Wasserweck

1 Die Hefe in eine Schüssel bröckeln. Mit Zucker, Mehl und Wasser glattrühren. Abgedeckt 30 Min. ruhen lassen.

2 Das Mehl zum Ansatz geben, ebenso Salz und ca. 300 ml Wasser. Den Teig mit dem Knethaken der Küchenmaschine oder in einer Schüssel ca. 4 Min. kneten. Abgedeckt ca. 2 Std. ruhen lassen.

3 Den Teig auf einem bemehlten Brett kneten, bis er nicht mehr klebt. Backblech einfetten. Sechs gleichschwere Teigstücke abschneiden und diese noch einmal teilen. Daraus runde Brötchen formen und jeweils zwei an einer Seite mit Wasser »zusammenkleben«. Die Teiglinge abgedeckt noch einmal 45 Min. ruhen lassen.

4 Im vorgeheizten Backofen bei 230 Grad 5 Min. backen. Mit etwas Wasser besprühen. Weitere 10 Min. backen und wieder besprühen. Backblech weiter oben einschieben, erneut einsprühen und weitere 5 bis 10 Min. backen. Dabei den Bräunungsgrad überwachen.

Tipp: Die hessischen Wasserweck sind berühmt für ihre besonders dunkle und rösche Kruste. Wenn Ihnen das zu dunkel ist, die Brötchen einfach etwas früher aus dem Ofen nehmen oder eine Stufe tiefer in den Ofen schieben.

Ruhezeit: 3 Std. 15 Min. | Backzeit: 25 Min.

Drüber

- 200 g Schweineschmalz
- 200 g fetter Speck ohne Schwarte (oder 350 g Kokosöl)
- 1 Zwiebel
- ½ Apfel, geschält
- 1 TL Majoran, getrocknet
- 3 EL Röstzwiebeln

Zwiebel-Apfel-Schmalz

Das Schmalz in einem Topf langsam erwärmen. Speck, Zwiebel und geschälten Apfel fein würfeln. Zuerst den Speck zum Schmalz geben und ca. 15 Min. offen garen. Zwiebel- und Apfelwürfel sowie Majoran einrühren und vorsichtig erhitzen, damit das Fett nicht zu dunkel wird. Speck- und Zwiebelwürfel sollten dabei leicht gebräunt werden. Schmalz in eine Schüssel füllen und bei Zimmertemperatur abkühlen lassen, dann die Röstzwiebeln einrühren und im Kühlschrank fest werden lassen.

Zubereitungszeit: 30 Min.

Wasserweck

mit Zwiebel-Apfel-Schmalz

Drunter

Schritt 1:
½ Würfel Hefe
1 TL Zucker
3 EL Mehl
6 EL warmes Wasser

Schritt 2:
500 g Dinkelmehl, Type 630 + Mehl zum Bearbeiten
1 EL Fenchelsamen, nach Belieben
1 TL Salz
ca. 325 ml Wasser, warm
6 EL Öl
Butter fürs Backblech

Dinkelkringel

1 Die Hefe in eine Schüssel bröckeln. Mit Zucker, Mehl und Wasser glattrühren. Abgedeckt 30 Min. ruhen lassen.

2 Das Dinkelmehl mit Fenchelsamen, Salz, ca. 325 ml Wasser und Öl zum Ansatz geben. Den Teig mit dem Knethaken der Küchenmaschine ca. 4 Min. kneten. Abgedeckt ca. 2 Std. ruhen lassen.

3 Den Teig auf einem bemehlten Brett kneten. Backblech einfetten. Teig zu einer ca. 60 cm langen Rolle, dann zu einem Kringel formen und aufs Backblech setzen. Mit etwas Mehl bestäuben, mit einem Messer oder Cutter längs einmal und mit einer Schere die äußeren Ränder einschneiden. Abgedeckt ca. 2 Std. ruhen lassen.

4 Im vorgeheizten Backofen bei 210 Grad insgesamt 25 bis 30 Min backen. Dabei ungefähr alle 10 Min. mit etwas Wasser besprühen. Auf einem Kuchengitter auskühlen lassen.

Tipp:
Sie können diesen Teig auch zusätzlich zu den Fenchelsamen mit abgeriebener Orangenschale (bio) und ½ TL Kakaopulver würzen. Anstelle der Fenchelsamen eignen sich auch Anissamen; dann formen Sie aus dem Teig 8 Fladen und backen sie bei 200 Grad 25 bis 30 Min.

Ruhezeit: 4 Std. 30 Min. | Backzeit: 30 Min.

Drüber

75 g Butter, weich
200 g Doppelrahmfrischkäse
1–2 EL Meerrettich, aus dem Glas
1 Bio-Zitrone
300 g Räucherlachs
1 Beet Kresse
Salz, Pfeffer

Lachscreme

Die Butter schaumig rühren und mit Frischkäse und Meerrettich mischen. Ein wenig Zitronenschale abreiben und etwas Saft auspressen. Lachs fein würfeln und mit der Frischkäsecreme und Zitronenschale vermengen. Creme mit Kresse, Salz, Pfeffer und Zitronensaft abschmecken. Vor dem Anrichten mit Kresseblättchen und Lachsstreifen garnieren.

Zubereitungszeit: 12 Min.

Dinkelkringel

mit Lachscreme

Drunter

Schritt 1:
½ Würfel Hefe
1 TL Zucker
3 EL Mehl
6 EL Wasser, warm
200 g Kartoffeln, geschält und gekocht
40 g Butter, flüssig
1 Ei
Muskatnuss
1 TL Salz

Schritt 2:
400 g Weizenmehl, Type 550 + Mehl zum Bearbeiten
ca. 150 ml Wasser, warm
Butter für die Kastenform

Kartoffelbrot

1 Die Hefe in eine Schüssel bröckeln, mit Zucker, Mehl und Wasser glattrühren. Den Ansatz abgedeckt 30 Min. ruhen lassen. Kartoffeln fein reiben und mit Butter, Ei, etwas Muskatnuss und Salz verrühren.

2 400 g Mehl mit Kartoffeln und ca. 150 ml Wasser zum Ansatz geben. Mit dem Knethaken der Küchenmaschine ca. 4 Min. kneten. Bei Bedarf etwas Mehl oder Wasser dazugeben. Abgedeckt ca. 2 Std. ruhen lassen. Den Teig auf einer leicht bemehlten Arbeitsplatte kurz kneten und in eine gefettete Backform geben. Abgedeckt erneut ca. 2 Std. ruhen lassen.

3 Backofen auf 220 Grad vorheizen. Eine Schüssel mit heißem Wasser auf den Ofenboden stellen. In der Mitte des Ofens 10 Min. backen. Die Temperatur auf 200 Grad verringern und weitere 40 bis 45 Min. backen. Zum Abkühlen auf ein Kuchengitter stürzen.

Ruhezeit: 4 Std. 30 Min. | Backzeit: 55 Min.

Drüber

4 Eier + 1 Eigelb
200 ml Milch
Salz, Pfeffer
Muskatnuss
1 Bd. Schnittlauch
Butter für die Form
Kräuterfrischkäse
Salatblätter
125 g Schinkenspeckscheiben

Eierstich

1 Die Eier mit Eigelb, Milch, Salz, Pfeffer und Muskat verrühren. Schnittlauch in Röllchen schneiden. 4 EL davon zu den Eiern geben. Eine kleine hitzebeständige Form mit Butter einfetten. Eiermasse einfüllen und im Wasserbad abgedeckt (mit Deckel oder Alufolie) in 10 bis ca. 15 Min. stocken lassen. Die Masse ist fertig, wenn sie in der Mitte nicht mehr flüssig ist. Kurz abkühlen lassen, dann stürzen.

2 Brotscheiben mit Kräuterfrischkäse bestreichen, mit Salatblättern belegen. Eierstich in Scheiben schneiden und zusammen mit Schinkenspeck auf den Salat legen. Mit restlichen Schnittlauchröllchen bestreuen.

Zubereitungszeit: 30 Min.

Kartoffelbrot

mit Eierstich

Drunter

Schritt 1:
½ Würfel Hefe
1 TL Zucker
3 EL Mehl
6 EL Wasser, warm

Schritt 2:
750 g Weizenmehl, Type 550 + Mehl zum Bearbeiten
ca. 500 ml Wasser, warm
1 ½ TL Salz
ca. 60 g gemischte Kräuter, frisch oder TK
80 g Butter, sehr weich
Pfeffer, Salz aus der Mühle
Butter für die Springform
ca. 5 EL Butter, flüssig

Kräuterrosenbrot

1 Die Hefe in eine Schüssel bröckeln, mit Zucker, Mehl und Wasser glattrühren. Den Ansatz abgedeckt 30 Min. ruhen lassen.

2 750 g Mehl, ca. 500 ml Wasser und Salz zum Ansatz geben. Mit dem Knethaken der Küchenmaschine ca. 4 Min. kneten. Bei Bedarf etwas Mehl oder Wasser dazugeben. Abgedeckt 1 Std. ruhen lassen. Den Teig auf einer leicht bemehlten Arbeitsplatte kneten und ca. 1 cm dick rechteckig ausrollen.

3 Von den Kräutern Blättchen abzupfen und fein hacken. TK-Kräuter auftauen lassen. Butter schaumig rühren und mit Kräutern, etwas Salz und Pfeffer mischen. Auf den Teig streichen, Ränder ca. 3 cm frei lassen und von der langen Seite aufrollen. In 7 bis 8 gleichgroße Stücke schneiden. Eine Springform (28/30 cm) einfetten und die Teigrollen mit der Schnittfläche nach oben hineinsetzen. Abgedeckt 2 Std. ruhen lassen.

4 Den Backofen auf 220 Grad vorheizen. Eine Schüssel mit heißem Wasser auf den Ofenboden stellen. Teigoberfläche mit Butter bestreichen und 10 Min. backen. Temperatur auf 200 Grad verringern und weitere 35 bis 40 Min. backen. Oberfläche mit der restlichen Butter bestreichen. Zum Abkühlen auf ein Kuchengitter legen.

Ruhezeit: 3 Std. 30 Min. | Ruhezeit: 50 Min.

Drüber

400 g Tomaten
1 Paprika, rot
1 Zwiebel
1 Knoblauchzehe
2 EL Öl
1 Pck. Tomaten, stückig
2 EL Tomatenmark
Salz, Pfeffer
Chilipulver
½ TL Kreuzkümmel, gemahlen
abgeriebene Zitronenschale
4 Stiele Basilikum

Tomaten-Paprika-Creme

Die Tomaten, Paprika, Zwiebel und Knoblauch kleinschneiden. Öl in einer Pfanne erhitzen. Alles mit Tomatenmark und Tomatensoße in die Pfanne geben. In ca. 1 Std. cremig einkochen. Mit Salz, Pfeffer, Chilipulver, Kreuzkümmel und Zitronenschale abschmecken. Evtl. mit dem Mixstab pürieren. Mit Basilikumstreifen bestreuen. Warm oder kalt mit dem Brot anrichten.

Zubereitungszeit: 1 Std. 10 Min.

Kräuterrosenbrot

mit Tomaten-Paprika-Creme

Drunter

Für 6 bis 7 Zöpfe:

Schritt 1:
½ Würfel Hefe
1 TL Zucker
3 EL Mehl
6 EL Wasser, warm

Schritt 2:
500 g Weizenmehl, Type 550 + Mehl zum Bearbeiten
250 g Weizenmehl, Type 1050
100 g Butter, weich
ca. 350 ml Milch, warm
2 Eier + 2 Eigelb
1 TL Salz
4 EL Zucker
Butter fürs Backblech
6 EL Mohnsamen

Mohnzöpfe

1 Die Hefe in eine Schüssel bröckeln, mit Zucker, Mehl und Wasser glattrühren. Den Ansatz abgedeckt 30 Min. ruhen lassen.

2 Beide Weizenmehle mit Butter, ca. 350 ml Milch, 2 Eiern sowie Salz und Zucker zum Ansatz geben. Alles mit dem Knethaken der Küchenmaschine ca. 4 Min. kneten. Bei Bedarf etwas Mehl oder Milch dazugeben. Abgedeckt ca. 2 Std. ruhen lassen.

3 Den Teig auf einer leicht bemehlten Arbeitsplatte kneten. In 6 oder 7 gleich schwere Stücke schneiden. Jedes Stück dritteln und daraus mit etwas Mehl 15–18 cm lange Rollen formen. Backblech einfetten, aus den Teigsträngen 6–7 Zöpfe flechten und aufs Blech legen. Abgedeckt ca. 2 Std. ruhen lassen.

4 Den Backofen auf 200 Grad vorheizen. Eine Schüssel mit heißem Wasser auf den Ofenboden stellen. Eigelbe mit wenig Wasser verrühren, die Zöpfe damit bestreichen, mit Mohn bestreuen und 25–30 Min. backen. Zum Abkühlen auf ein Kuchengitter legen.

Ruhezeit: 4 Std. 30 Min. | Backzeit: 30 Min.

Drüber

500 g (Sauer-)Kirschen, entsteinte frische oder TK (oder Erdbeeren, Johannisbeeren, Aprikosen)
230 g Gelierzucker ohne Kochen (Bio-vegan)

Kirschkonfitüre

Die Kirschen in einem hohen Rührbecher mit dem Mixstab mittelfein pürieren. Gelierzucker einrühren und auf höchster Stufe 1 ½ Min. mixen. Die Konfitüre in Gläser füllen und kühl stellen. Sie ist 2–3 Tage im Kühlschrank haltbar.

Tipp: Den Gelierzucker ohne Kochen bekommen Sie im Bioladen, im Reformhaus oder im Internet.

Zubereitungszeit: 15 Min. bei frischen Kirschen, 5 Min. bei eingemachten

Mohnzöpfe

mit Kirschkonfitüre

Drunter

300 g Hokkaido-kürbis
5 EL Öl + etwas Öl zum Bearbeiten
100 g Kürbiskerne
½ Würfel Hefe
1 TL Zucker
3 EL Mehl
6 EL Wasser, warm
500 g Dinkelmehl, Type 812
ca. 200 ml Wasser, warm
1 TL Salz
1 EL Honig
Muskatnuss
Butter für die Kastenform

Drüber

3 Schalotten, gewürfelt
1 Knoblauchzehe, gehackt
4 EL Öl
800 g Rinder- oder Lammhack
100 g Softaprikosen, in Streifen
80 g Mandeln, ganz, geschält, geröstet
2 milde rote Peperoni, gewürfelt
50 g Butter
Salz, Pfeffer, Zimt
400 g Schmand oder Saure Sahne
etwas Petersilie, gehackt

Kürbisbrot

1 Den Kürbis ohne Kerne in Spalten schneiden und mit etwas Öl einreiben. Im vorgeheizten Backofen bei 190 Grad etwa 30 – 40 Min. garen, noch warm pürieren. Kürbiskerne bis auf ca. 3 EL in einer Pfanne leicht rösten.

2 Die Hefe in eine Schüssel bröckeln, mit Zucker, Mehl und Wasser glattrühren. Den Ansatz abgedeckt 30 Min. ruhen lassen. Dinkelmehl, Kürbispüree, geröstete Kürbiskerne, Salz, Honig, Muskatnuss, restliches Öl und ca. 200 ml Wasser zum Ansatz geben. Mit dem Knethaken der Küchenmaschine ca. 4 Min. kneten. Bei Bedarf etwas Mehl oder Wasser dazugeben. Abgedeckt 1 Std. ruhen lassen.

3 Eine Kastenform (28/30 cm) einfetten und den Teig einfüllen. Abgedeckt 2 Std. ruhen lassen. Backofen auf 210 Grad vorheizen. Teigoberfläche mit Wasser bestreichen und mit restlichen Kürbiskernen bestreuen, leicht andrücken. In der Mitte des Ofens 10 Min. backen. Temperatur auf 190 Grad verringern und weitere 35 – 40 Min. backen. Zum Abkühlen auf ein Kuchengitter stürzen.

Ruhezeit: 3 Std. 30 Min. | Backzeit: 50 Min.

Hackfleischpfanne

Die Schalotten mit Knoblauch in Öl schmoren. Hack dazugeben und krümelig braten. Aprikosen, Mandeln, Hälfte der Peperoni und Butter einrühren, mit Salz, Pfeffer und Zimt abschmecken. Schmand mit restlicher Peperoni, Salz, Pfeffer und gehackter Petersilie mischen. Getrennt zur Hackfleischpfanne reichen.

Zubereitungszeit: 20 Min.

Tipp:
Wenn Sie im Sommer frische Aprikosen bekommen, sollen Sie zugreifen. In schmalen Streifen und entkernt in der Hackfleischpfanne erwärmen. Statt der Früchte schmecken auch frische Pilze in dem Aufstrich sehr gut. Mit pflanzlichen Produkten erhalten Sie eine vegane Hackpfanne.

Kürbisbrot
mit Hack-
fleischpfanne

Drunter

500 g Weizenmehl, Type 550 + Mehl zum Bearbeiten
1 ½ Pck. Hefeteig Garant
1 TL Salz
250 g Quark, 20% Fett
2 Eier
50 g Butter, flüssig
ca. 200 ml Wasser, warm
Butter fürs Backblech

Quarkbrot

1 Das Mehl mit Hefeteig Garant und Salz mischen. Quark, Eier und Butter in einer anderen Schüssel verrühren. Mehl und Quarkmischung mit ca. 200 ml Wasser mit dem Knethaken der Küchenmaschine 2 Min. kneten.

2 Aus dem Teig mit bemehlten Händen einen länglichen Laib formen und die Oberfläche einmal längs und auf jeder Seite zweimal schräg mit einem Messer oder Cutter einschneiden. Abgedeckt ca. 20 Min. ruhen lassen.

3 Backofen auf 200 Grad vorheizen. Das Brot 40 – 45 Min. backen. Zweimal während der Backzeit mit Wasser besprühen. Auf einem Kuchengitter abkühlen lassen.

Tipp:
Für dieses schnelle Brot mit Hefeteig Garant kann der Quark mit einem große Bund Schnittlauchröllchen angereichert werden. Wer Nüsse mag, kann zusätzlich für ein kerniges Brot 150 bis 200 g Haselnüsse, Walnüsse, Pekannüsse oder eine Mischung davon zum Teig geben.

Ruhezeit: 20 Min. | Backzeit: 45 Min.

Drüber

250 g Hähnchenbrust- oder Putenbrustaufschnitt
½ Pck. Grüne Soße
1 Gewürzgurke
1 TL Senf, scharf
100 g Saure Sahne
300 g Spargel, grün, gekocht
1 – 2 EL Zitronensaft
1 EL Öl
Salz, Pfeffer, Zucker

Geflügelsalat

Den Geflügelaufschnitt fein würfeln. Grüne Soße und Gurke fein hacken, mit Senf, Sahne, Geflügel und Kräutern mischen. Spargel klein schneiden und unterrühren. Alles mit Zitronensaft, Öl, Salz, Pfeffer und Zucker abschmecken.

Zubereitungszeit: 15 Min.

Quarkbrot

mit Geflügelsalat

Drunter

Für 6 bis 7 Brezeln:

½ Würfel Hefe
1 TL Zucker
3 EL Mehl
6 EL Wasser, warm
500 g Weizenmehl, Type 550 + Mehl zum Bearbeiten
1 TL Salz
ca. 300 ml Wasser, warm + 1 ½ l Wasser
60 g Hausnatron
grobes Salz, nach Belieben

Laugengebäck

1 Die Hefe in eine Schüssel bröckeln, mit Zucker, Mehl und Wasser glattrühren. Den Ansatz abgedeckt 30 Min. ruhen lassen. 500 g Mehl, Salz und ca. 300 ml Wasser zum Ansatz geben. Mit dem Knethaken der Küchenmaschine ca. 4 Min. kneten. Bei Bedarf etwas Mehl oder Wasser dazugeben. Abgedeckt ca. 1 Std. ruhen lassen.

2 Den Teig auf einer leicht bemehlten Arbeitsplatte kneten und 6 bis 7 gleichgroße Stücke abwiegen (ca. 110 g). Aus jedem Teigstück eine etwa 55 bis 60 cm lange Rolle formen, wobei die Enden dünner sein sollten. Die Rollen zu Brezeln drehen. Abgedeckt 15 Min. ruhen lassen. 1 ½ l Wasser mit Natron zum Kochen bringen. Die Temperatur verringern. Die Brezeln auf einer Schaumkelle nacheinander 30 Sek. in der siedenden Lauge ziehen lassen. Auf ein gefettetes Backblech setzen.

3 Den dickeren Teil mit einem Messer oder Cutter einmal einschneiden und mit etwas Salz bestreuen. Bei 200 Grad in der Mitte des Ofens 20 – 25 Min. backen. Zum Abkühlen auf ein Kuchengitter legen.

Tipp: Wer noch nie in seinem Leben Brezeln aus Teig geformt hat, braucht für dieses Gebäck etwas Zeit und Übung. Aber aus dem Teig lassen sich auch runde Brötchen, Stangen und Kringel formen.

Ruhezeit: 1 Std. 15 Min. | Backzeit: 25 Min.

Drüber

1 Bd. Frühlingszwiebeln
250 g Camembert, weich
125 g Quark, 20% Fett
150 g Butter, weich
1 EL Kümmel, gehackt
1 EL Senf, scharf
Salz, Pfeffer
bunte Radieschen

Schneegestöber

Die Frühlingszwiebeln sehr fein schneiden, dunkles Grün beiseitelegen. Nach Belieben vom Camembert die Rinde dünn wegschneiden. Käse anschließend grob hacken. Quark und Butter mit Zwiebeln, Kümmel, Senf, Salz, Pfeffer und Camembert mischen. Vor dem Servieren mit dem Zwiebelgrün bestreuen und mit bunten Radieschen anrichten.

Zubereitungszeit: 10 Min.

Laugengebäck
mit Schnee-
gestöber

Drunter

750 g Weizenmehl, Type 550 + Mehl zum Bearbeiten
2 Pck. Hefeteig Garant
1 TL Salz
1 TL Oregano, getrocknet
ca. 400 ml Tomatensaft, warm
4 EL Olivenöl
1 Eigelb
1 EL Rosmarinnadeln, gehackt
Butter fürs Backblech

Tomatenbrote

1 Das Mehl mit Hefeteig Garant, Salz, Oregano, Saft und Öl mit dem Knethaken der Küchenmaschine 2 Min. kneten. Bei Bedarf etwas Mehl oder Wasser dazugeben.

2 Den Teig auf einer leicht bemehlten Arbeitsplatte teilen und daraus zwei längliche Brote formen, eines davon einzwirbeln und auf zwei eingefettete Backbleche setzen. Die Oberflächen des glatten Teigs mit einem Messer oder Cutter dreimal schräg einschneiden. Abgedeckt 15 Min. ruhen lassen. Inzwischen den Backofen auf 230 Grad vorheizen. Eine Schüssel mit heißem Wasser auf den Ofenboden stellen.

3 Das Eigelb mit etwas Wasser glattrühren, die Teigoberfläche des gedrehten Brots damit bestreichen und mit Rosmarin bestreuen. In der Mitte des Ofens 10 Min. backen. Die Temperatur auf 200 Grad verringern und weitere 20 – 25 Min. backen. Das zweite Brot genauso backen. Zum Abkühlen auf ein Kuchengitter legen.

Ruhezeit: 15 Min. | Backzeit: 35 Min.

Drüber

2 Blatt weiße Gelatine
300 g Ziegenfrischkäse
125 g Schmand
125 g Ziegenjogurt
Salz, Pfeffer aus der Mühle
1 Knoblauchzehe, gehackt
1 TL Thymianblättchen, frisch oder getrocknet
5 Stängel Petersilie
6 EL Nüsse, gehackt
1 EL Paprikawürfel, sehr fein geschnitten, oder Paprikapulver

Ziegenkäsetorte

Die Gelatine in kaltem Wasser 5 Min. einweichen. Frischkäse und Schmand langsam erwärmen und glattrühren. Ausgedrückte Gelatine darin auflösen. Jogurt, Salz, Pfeffer, Knoblauch, Thymian und etwas gehackte Petersilie von 4 Stängeln dazugeben. Den Ring einer Springform (24 cm) auf einen großen Teller legen. Er muss bündig aufliegen. Die Käsecreme leicht abkühlen, aber nicht fest werden lassen. In den Ring gießen und im Kühlschrank über Nacht fest werden lassen. Nüsse leicht rösten und mit Paprikawürfeln in die Mitte streuen. Mit etwas Petersilie garnieren.

Tipp: Ziegenkäse schmeckt nicht jedem. Verwenden Sie als Alternative für diesen Aufstrich herkömmlichen Doppelfrischkäse und normalen Jogurt.

Zubereitungszeit: 20 Min. | Kühlzeit: 8 Std.

mit Ziegenkäsetorte

Die Autorin

Kristiane Müller-Urban war Redakteurin einer wissenschaftlichen Zeitschrift, bevor sie sich als freie Autorin selbstständig machte. Sie hat über 100 Bücher zu den Themen Ernährung, Zeitgeschichte, Kultur und Fitness geschrieben. Einige ihrer Bücher wurden mehrfach ausgezeichnet.

Die Fotografin

Sabrina Sue Daniels steht für ausdrucksstarke Foodfotografie, wunderschönes Foodstyling & kreative Rezeptentwicklung. Sie hat schon mehrere Kochbücher geschrieben wie zum Beispiel »We will Wok you« und »Knockin on Currys door« (EMF).

WAFFEN DOTZERT MÜLLER
Schneid gut...
...mit der rechten Hand
...mit der linken Hand
G'scheits Werkzeug gibt's bei uns:
Dotzert Uffschneider
ideal zum Schmieren vom Uffstrich uffs Brötche
Handwerk aus'm Taunus
Brotschneidebrett mit Krümmel-Sammel-Schale
Wer gern' die Kurbel dreht
Das ganz große Franz Güde
macht mit 32 cm langer Klinge sogar am Baguette Spaß.
Wahlweise mit beidseitiger Welle
Der universelle Beidhänder
Brotmesser Hamburger
OldStyle aus Carbonstahl
wie früher
Dotzert Schnibbeltalent
vom Görksche bis zum Brötsche